ÉLOGE

DE

M. JEAN-JULIEN MASSON,

Chanoine honoraire de la cathédrale de Chartres,

ANCIEN CURÉ DE SAINT-HILAIRE
DE NOGENT-LE-ROTROU,

PRONONCÉ

À ses funérailles, le 10 Mai 1849,

PAR M. BRIÈRE,

CHANOINE HONORAIRE, CURÉ DE NOTRE-DAME.

❦

NOGENT-LE-ROTROU,

IMPRIMERIE ET LITHOGRAPHIE DE P. GOUVERNEUR.

— 1850 —

« Le juste meurt, et personne n'y pense. » C'est pour
empêcher, autant qu'il est en lui, que ce mot de l'Écriture
ne se réalise à l'égard du vénérable M. MASSON, que
l'auteur de ce court Éloge funèbre a consenti à ce qu'il
fût imprimé, malgré les imperfections inséparables d'une
composition rapide, qu'on pourrait presque appeler une
improvisation. Il fallait beaucoup de simplicité pour peindre un homme qui était la simplicité même. Peut-être
que ceux qui l'ont connu trouveront que son caractère a
été fidèlement reproduit. On n'a point aspiré à d'autre
mérite.

Avril 1850.

ÉLOGE
FUNÈBRE
DE
M. JEAN-JULIEN MASSON,
ANCIEN CURÉ DE SAINT-HILAIRE.

C'est à votre Pasteur (1), Mes Frères, qu'il appartiendrait de faire ici l'éloge de son vénérable prédécesseur; mais il veut à toute force me céder la parole, et je ne la prends que pour ne pas contrister son amitié. Il saura sans doute, en une autre circonstance, se dédommager de la privation qu'il s'impose par modestie.

L'unique débri, qui restât parmi nous, de cet ancien sacerdoce, à qui il fut donné de voir notre Église Gallicane, dans sa splendeur, cet unique débri vient donc de disparaître! On en conviendra, la marche du vieux siècle est dignement fermée par lui; c'est le plus saint de tous qui entre le dernier dans la tombe.

Quelle louange peut convenir à un prêtre, que celui-ci n'ait pas méritée? Parcourez les différents

(1) M. l'abbé Fleury, curé actuel de Saint-Hilaire.

âges de sa vie, vous le trouverez partout, non-seulement irréprochable, mais offrant, à chaque phase, dans sa personne, un modèle accompli de toutes les vertus.

Né au sein du peuple, dans une condition plus voisine de la pauvreté que de l'aisance, ses parents ne lui transmirent d'autre noblesse que celle des sentiments, d'autre bien que celui de leur piété héréditaire. Je me trompe, ils lui laissèrent encore quelques parcelles de patrimoine, dont il se hâta de se défaire, pour mieux ressembler au Maître qu'il s'était choisi.

Votre défunt Pasteur, Mes Frères, n'eut point d'enfance, pour ainsi dire, et mieux que ce Caton du paganisme, avec qui pourtant il a quelques traits de ressemblance, il montra la sagesse des vieillards, dans l'ardeur des plus jeunes années. Au collége, dans les séminaires, quel maître le prit jamais en défaut? quel réglement lui vit-on jamais enfreindre? quand négligea-t-il un seul de ses devoirs? Il était dès lors l'ordre vivant, si vous me permettez cette expression; et témoins d'une conduite si bien soutenue dans toutes ses parties, ses condisciples éprouvaient pour lui un respect qui ne leur est pas ordinaire à l'égard de ceux dont ils partagent les travaux et les jeux.

Parvenu au sacerdoce, à une époque, où la fer-

veur primitive s'était, il faut bien l'avouer, singu-
lièrement ralentie, notre jeune ministre des autels
se garda bien de suivre l'ornière tracée si profondé-
ment devant ses pas; il se fraya une voie nouvelle,
ou plutôt il retrouva l'ancienne, et sans s'inquiéter
du contraste qu'il allait offrir, il se résolut à vivre
en prêtre des temps apostoliques. Court sommeil,
études prolongées, assiduité à la prière, exactitude
à rompre aux fidèles le pain de la divine parole,
c'était un spectacle non moins inusité, qu'il était
édifiant. Mais ce qui faisait l'admiration des uns,
excitait les plaisanteries des autres. On lui prédisait,
en le harcelant, qu'il ne soutiendrait pas longtemps
de si violents efforts. C'est qu'on ne connaissait pas
la fermeté invincible de son caractère, c'est qu'on
ne savait pas qu'une résolution, une fois arrêtée par
lui, était une résolution irrévocable. Du reste, dans
ce premier poste qu'il occupa, la fortune ne le gâta
pas de ses faveurs, et à peine en travaillant beaucoup, gagnait-il le pain et l'entretien de chaque
jour. Il portait gaîment cette espèce de misère, qui
le préparait, sans qu'il le sut, aux adversités qu'il
devait bientôt avoir à subir.

Quand arriva cette révolution terrible qui, non
contente de réformer, détruisit tout dans la maison
du Seigneur, son cœur dégagé des biens d'ici-bas,
ne fut pas exposé à défaillir. Vainement on lui de-

mande un serment que sa conscience réprouve : « Le
» serment ou l'exil », lui dit-on ! On dirait : « Le
» serment ou la mort »! qu'il n'hésiterait pas davantage. Sa patrie terrestre lui est chère, car son âme
est bien née ; mais il la sacrifie à sa patrie céleste,
à celle où est bâtie cette cité future et permanente,
que tout vrai chrétien ambitionne. Le voilà donc, le
bâton du voyageur à la main, qui « fuit son pays,
» qui abandonne les doux champs » qui l'ont vu
naître. Son bagage est léger, et ses économies ne lui
pèsent guère. Comme ce philosophe ancien, il suffit
bien à porter à lui seul, tout ce qu'il possède.
L'Allemagne hospitalière le reçut, et il la parcourut
en tous sens, levant sa tente, le matin, et la plan-
tant, le soir. Partout il répandit la bonne odeur de
Jésus-Christ, qui s'exhalait à grands flots, de toute
sa personne. Les hôtes qui l'accueillirent, tour à
tour, ne pouvaient assez s'étonner de son stoïcisme
chrétien. Quel calme, au milieu de ses agitations
perpétuelles ! quelle affectueuse dévotion, parmi
tant de sujets de dissipation, de crainte et d'angoisse !
Comme il savait bien faire aimer, faire respecter de
tous ce titre de prêtre français dont il se parait avec
un noble et légitime orgueil ! A la vue des tristes
relâchements, que le voisinage du Protestantisme
avait introduits chez un clergé d'ailleurs respectable,
il se félicitait d'appartenir à cette Église de France,

qu'il est presque de mode aujourd'hui de dénigrer, mais qui n'est pas moins sans rivale, parmi toutes les Églises du monde, pour la doctrine et pour la piété, pour la vigueur de la foi et pour la sévérité de la discipline, incomparable surtout par son attachement filial à la Chaire de saint Pierre, dont les persécutions les plus effroyables n'ont jamais pu la séparer.

Le digne confesseur de Jésus-Christ, plutôt que de renier ses convictions catholiques, se serait condamné à un éternel bannissement; mais cet amour du sol natal, qui ne sort jamais des bons cœurs, ne laissait pas de se faire sentir vivement au sien, et il retournait souvent ses regards vers ces belles contrées que notre soleil éclaire. Aussi, dès qu'un héros, suscité évidemment par la Providence, et illustre entre tous les guerriers du monde, par le nombre et par l'éclat de ses victoires, eut mis un frein à la fureur des partis, et affermi l'ordre en relevant les autels, il se hâta de regagner ses foyers et de rentrer dans cette gracieuse province du Perche, dont on admire encore les sites pittoresques, après qu'on a parcouru et admiré les sites les plus vantés de l'univers.

Ce fut alors qu'il exerça, pendant quelques mois, les fonctions de vicaire, dans la paroisse que j'ai aujourd'hui l'honneur de conduire (1). Si rapide

____

(1) La paroisse de Notre-Dame de Nogent-le-Rotrou.

qu'ait été son passage dans cette église bien aimée, il y a imprimé des traces durables, et il est sans doute encore dans mon bercail, telle âme qu'il a rappelée des voies de la perdition, par les efforts de son zèle, telle sainte personne, que sa sollicitude a introduite dans les sentiers de la plus sublime perfection. Il prit, en ce temps-là, la direction des filles de Saint-Vincent de Paul, qu'il affectionnait à cause de leur illustre fondateur, et auxquelles il prodigua les soins les plus empressés et les plus habiles, jusqu'à ce qu'étant cassé de vieillesse, il fut obligé de les remettre entre mes mains.

Mais voici que je touche aux années les plus heureuses de sa vie. Où prendrai-je des couleurs assez simples et néanmoins assez vives pour les peindre? Ah! cette âme n'a nulle ambition; à peu de frais, on peut combler tous ses vœux. Ne lui offrez ni riches prébendes, ni postes flatteurs pour l'amour-propre. Éloignez-la, si vous voulez, des villes; elle n'en aime ni le bruit, ni l'ostentation, ni les plaisirs. Un toit couvert de chaume, un saule et un orme ombrageant un puits dans la cour; quelques fruits, quelques légumes, quelques ruches dans un jardin rustique; un temple agreste et solitaire, environné d'arbres touffus; des paroissiens simples, candides, purs dans leurs mœurs, inébranlables dans leur foi, c'est là tout ce qu'il lui faut, et c'est là ce que le nouveau Pasteur rencontre dans son cher Margon, dans ce Margon où sa mère lui donna autrefois le jour, et couvrit son enfance de caresses; où la modeste maison paternelle reste debout et sert d'habitation à un frère chéri et à son intéressante famille. O joie de son cœur, quand le choix de son Prélat, qu'il n'avait point sollicité, lui assigna une telle église en partage! Il n'y a que le séjour du Ciel, qu'il eût préféré à ce béni séjour, et il se promettait bien de ne quitter l'un, que lorsque l'heure du Seigneur l'aurait appelé dans l'autre. A peine installé dans sa demeure, il commence incontinent cette vie régulière et invariable, qui était pour lui l'idéal de la félicité. Longtemps avant l'aurore, à un signal fixe, et qui ne se dérange jamais d'une seule minute, il quitte sa couche pour vaquer à l'oraison ; du saint sacrifice qu'il célèbre avec ferveur, il passe à l'étude, dans sa bibliothèque, où les Pères de l'Église sont rangés à côté de l'Écriture-Sainte et de l'Histoire ecclésiastique ; où il prépare avec soin ces instructions solides, dont la simplicité calculée n'est pas le moindre mérite. Un repas frugal est suivi d'une promenade doucement rêveuse, le long des haies fleuries, dans les chemins creux et ombragés, sur le bord tortueux de la rivière; ou bien il cultive son verger, taille ses arbres, soigne ses abeilles, et goûte des délices ineffables dans ces exercices qui entretiennent sa santé robuste. L'après-midi ressemble à la matinée. Le soir, il donne des

leçons à des enfants d'élite, qu'il dispose au sacerdoce, et c'est là, c'est sous ses yeux vigilants, sous
l'influence salutaire de ses exemples, que se forment,
entre autres, deux neveux (1) qui s'efforceront, un
jour, d'approcher d'un si parfait modèle, s'ils ne
peuvent entièrement le reproduire. O existence pai-
sible, fortunée, pleine de charmes, il ne te manque
que de durer toujours ! Est-ce que tu prendras fin,
avant que les paupières du saint homme soient fer-
mées, par la mort, à la lumière du jour? Se pour-
rait-il qu'un si rude sacrifice lui fût demandé, qu'il
fût mis à une si dure épreuve? Hélas! le Ciel ne nous
a pas placés ici-bas pour jouir, mais pour souffrir;
la croix ne paraît quelquefois s'éloigner de nous, que
pour s'appesantir bientôt et s'affermir davantage sur
nos épaules, et les vues profondes de Dieu se plai-
sent à déconcerter toutes nos vues. Il en est qui
aspirent à briller sur un grand théâtre, et le Maître
souverain de nos destinées les emprisonne dans l'obscurité qu'ils détestent. Celui-ci ne forme d'autre
désir que de s'ensevelir dans son obscurité chérie;
il va lui falloir en sortir pour monter sur une scène
dont la seule pensée lui fait peur. Ainsi « Celui qui
» s'élève sera-t-il abaissé, et celui qui s'abaisse
» sera-t-il élevé. »

(1) MM. Paul et Joseph Masson, aujourd'hui curés, l'un de
Beaumont-les-Autels, l'autre de Margon.

Une des paroisses les plus considérables de ce diocèse est venue à vaquer, une paroisse dont les habitants se distinguent par le sincère amour qu'ils ont conservé pour la Religion, et par leur fidélité exemplaire à remplir les devoirs du Christianisme. Cette paroisse est composée de classes riches et pauvres, d'hommes de la campagne et de citoyens de la ville ; elle réunit les deux extrémités sociales, et veut à sa tête un prêtre qui corresponde par la nature de ses talents, de ses vertus, de son caractère, à cette double exigence de sa difficile position. Quel coup de foudre pour le vénérable Masson, quand on lui annonce que son Évêque lui ordonne de courber la tête sous ce fardeau, et d'en accepter les honneurs et les charges ! D'une part, l'obéissance, qu'il a toujours si exactement pratiquée, l'incline à se soumettre ; de l'autre, sa modestie s'épouvante et le force de reculer. Celle-ci l'emporte, il refuse. Mais les ordres du Pontife s'étant réitérés, il n'ose pas résister davantage. C'est pourquoi il s'achemine, silencieux, contristé, tout tremblant, vers son nouveau bercail. Adieu, bons villageois, paroissiens naïfs, dont les goûts et les habitudes allaient si bien à ses habitudes et à ses goûts ! Adieu, temple sacré, dont une propreté exquise, procurée le plus souvent par ses mains sacerdotales, faisait le plus bel ornement ! Adieu, côteaux verdoyants, vallées enchanteresses, adieu, adieu! il ne vous reverra jamais, quoique un si faible espace le sépare de vous. Ce n'est pas qu'il vous méprise, ah! gardez-vous de le croire; c'est plutôt qu'il vous regrette trop, et qu'il craint de réveiller dans son âme des sentiments qui n'y seront jamais qu'assoupis. Pour vous, ses ouailles nouvelles, ne vous offensez point du chagrin qui ronge son cœur et qui perce sur sa figure. L'immense tendresse qu'il porte à ses anciens enfants vous est un sûr présage de la tendresse qu'il vous portera bientôt à vous-mêmes. Sa sensibilité une fois calmée, il vous ouvrira aussi ses entrailles, et son cœur est assez large pour aimer et pour embrasser deux paroisses ensemble.

Il ne tarde pas en effet à discerner et à reconnaître les qualités précieuses des excellents habitants de Saint-Hilaire. Il est touché du dévouement qu'on lui témoigne, de l'empressement avec lequel on va au-devant de tous ses désirs, des soins attentifs, délicats dont on l'environne. Il voit tout le monde si content, si heureux de le posséder! Il rencontre partout si bon visage! Le pauvre que sa simplicité enhardit, l'approche avec confiance et le sourire sur les lèvres; l'homme opulent à qui sa haute vertu et sa gravité imposent, lui ouvre avec respect sa maison et sa bourse; le pécheur, l'impie même s'inclinent devant lui; il sent qu'il y a dans tous les cœurs des dispositions au bien si marquées, qu'il en résultera infailliblement des fruits merveilleux. Mieux qu'au premier moment, il démêle les desseins bienfaisants de la Providence dans son changement de position, et il se dévoue à les seconder de toute la puissance de ses forces.

Il était alors dans la maturité de l'âge; il avait pour lui la connaissance des hommes, une solide doctrine, acquise par de longs travaux; il avait surtout l'expérience, l'expérience que rien ne supplée, pas même le talent et la piété, mais avec laquelle on marche sûrement, au milieu des embarras et des difficultés les plus compliquées. Il se mit à l'œuvre.

N'attendez pas de lui, dans la chaire, des discours d'une éloquence étudiée et compassée; il est ennemi né de l'enflure et du faux brillant; il n'estime que ce qui est clair et naturel; il dit volontiers avec le poëte : « Rien n'est beau que le vrai, le vrai seul » est aimable. » C'est le caractère essentiel de ses instructions. Mais sans y prétendre, il atteint souvent aux plus grands effets de la parole sacrée. Il est tour à tour, et lorsqu'il le faut, incisif, mordant, railleur, touchant, terrible; il épouvante, quand il peint le jugement et l'enfer; il fait pleurer, quand il s'adresse aux petits enfants de la première communion; il arrache le sourire, quand il décrit les travers, les prétentions, les ridicules du monde qu'il persiffle. Certains traits un peu vifs faisaient quelquefois murmurer; mais on les lui pardonnait, parce qu'ils naissaient, on le savait bien, non de la dureté de son cœur, mais de la sainte austérité de ses mœurs. C'est ce que fit remarquer, un jour, un vieux magistrat (1), bien connu de vous tous pour la finesse et la causticité de son esprit; quelqu'un se plaignant en sa présence de quelque rudesse de langage dont il avait été choqué. « Eh, ne voyez- » vous pas, lui répondit-il, que nous avons un » pasteur de la primitive Église? »

A son confessionnal, que des pénitents sans nombre assiégent, il ne sait point transiger avec le vice, ni biaiser, pour peu que ce soit par rapport aux règles de la morale; il n'a qu'un poids et qu'une mesure; c'est le poids et la mesure du sanctuaire, qu'il applique indistinctement à tout le monde, avec une liberté d'âme sans égale. Mais s'il est exact et ferme, il est, en même temps, compatissant et miséricordieux, il mêle avec une prudence infinie, l'huile de la charité au vin de la correction, et en combinant ainsi ses moyens, il guérit une foule de malades spirituels dont les maux semblaient auparavant sans remède. Il n'a pas moins d'art, de sagacité, de patience, pour faire avancer dans les voies de la

____

(1) M. Giroust, alors président du tribunal civil.

sainteté, ceux qui ont le courage d'y engager leurs pas. Seulement comme il est avare de son temps, il fait bonne guerre à l'entêtement, au scrupule, à la recherche de soi, et il a une manière de procéder courte, nette, tranchante, dont il faut, bon gré mal gré, qu'on s'accommode.

Au catéchisme, il est adoré des petits enfants qu'il instruit avec l'affection la plus paternelle. Nulle part ailleurs, la lucidité et la précision de son esprit ne le servent mieux. Quiconque sort de ses mains, possède et retient pour la vie, l'ensemble complet de la doctrine chrétienne, et peut lutter avec avantage contre les sophismes et les objections de l'impiété.

Suivrai-je le saint homme auprès des malades, qu'il va si assiduement consoler; dans la demeure de l'indigence, où il verse de si abondantes largesses; dans ces secrets réduits, où le pauvre honteux se cache, dissimulant ses pressants besoins, qu'il sait bien, lui, découvrir et soulager avec une généreuse préférence? Vous le voyez partout, où quelque bien se présente à faire; il n'y a qu'un lieu, où on ne le rencontre jamais; c'est dans la maison du plaisir, c'est à la table du riche, c'est dans les vaines assemblées des mondains. Il ne blâme point dans les autres, les récréations honnêtes, les joies et les divertissements modérés; mais il se les interdit pour son propre compte. Il craint trop d'amollir sa mâle vertu, de porter, même indirectement, quelque scandale, de perdre le temps, qu'il considère comme le plus précieux bien de la vie.

Occupé sans relâche du soin des âmes, notre bon Pasteur n'oubliait pas la décoration du temple saint, et il pouvait s'appliquer à juste titre, le mot de David : « Seigneur, j'ai chéri la beauté de votre » maison. » C'est à ses dépens personnels, c'est en s'imposant de sévères épargnes (car il n'aimait pas à demander aux autres), qu'il a fait peindre et appendre à ces murailles, le remarquable chemin de croix, qu'on y admire. O vous qui méditez devant ces religieux tableaux, les souffrances et les ignominies du Sauveur, souvenez-vous à jamais, dans vos prières, du Pasteur charitable qui a procuré cet aliment à votre dévotion. C'est lui encore, et toujours avec ses deniers, qui a dressé ce calvaire et construit cette chapelle souterraine, dédiée à la Mère des douleurs, but ordinaire, les jours de fête, de vos pieuses promenades et de vos agréables excursions. Mais, à la fin de sa vie, il voulut se surpasser lui-même en libéralité. Deux vases magnifiques, un calice et un ostensoir tout étincelants d'or, « mais » où la matière le cède encore au travail », suivant l'expression du poëte, sont offerts par lui à sa chère paroisse ; et, chose étrange ! cet homme qui se refuse tout, quand il s'agit de son ameublement et de ses besoins, devient prodigue, ami de l'éclat, pour son église, à qui il fait des présents que des princes ne désavoueraient pas.

Faut-il être surpris, Mes Frères, qu'en retour de tant de sacrifices, de travaux, de témoignages d'affection, vous ayez voué à ce Pasteur inimitable, un culte de vénération et d'amour, profond, indestructible, à l'épreuve de toutes les circonstances et de toutes les vicissitudes; et que, lorsqu'un évènement douloureux, inexplicable autrement que par la volonté secrète de la Providence, l'eût forcé à prendre un repos, qu'il regardait comme le dernier des malheurs, vos sentiments aient fait explosion, en sa faveur, et vous aient poussés à des démarches qui vous seront à jamais honorables? Mais il faut bien le dire, parce que c'est la vérité, jamais les supérieurs n'eurent l'intention de lui causer la moindre peine (cette intention eût été un crime). C'est Dieu, Dieu lui-même, dont les voies sont si différentes des nôtres, qui a jugé à propos de ménager au saint vieillard, cette affliction, la plus sensible qu'il pût éprouver. Elle est devenue pour lui une source de mérites; elle a été une sorte de purgatoire, qui a achevé d'effacer les plus légères souillures de son âme, et lui a procuré peut-être l'entrée immédiate de la cité des élus.

Pour louer votre Pasteur, Mes Frères, je me suis

contenté de vous raconter sa vie. C'était, je crois, la meilleure manière de réussir. Oh! la belle vie, quand on la considère, dans son ensemble et dans ses détails. Quel noble caractère! quelle droiture antique! quelle douce simplicité de mœurs! quelle foi profonde! quelle constance invincible! quelle ardeur pour le salut des âmes! Des vertus en foule! des œuvres saintes innombrables! Et pas une faute, non pas une faute! Jamais on ne lui en a reproché une seule, « et il ne s'est trouvé personne, pour » parler avec l'Écriture, qui ait prononcé même un » seul mot, à son désavantage : *Nec fuit qui loqueretur* » *de illo verbum malum.* » Je m'avance trop, Mes Frères, il s'est trouvé un anonyme, qui a formé contre lui une terrible accusation. Savez-vous laquelle? Ah! il a eu le triste courage de lui imputer à crime sa persévérance à continuer l'exercice de son zèle, même après que ses forces l'eurent abandonné; et parce que ce vieillard courageux voulait mourir au poste d'honneur; parce qu'il montait à l'autel et dans la chaire, au risque peut-être d'y terminer ses jours, comme un vaillant général, qui ne quitte point le champ de bataille, à cause de son épuisement et de ses blessures, on a osé le taxer d'entêtement et d'imprudence. Saint entêtement, glorieuse imprudence, dont j'envie le blâme, quand ma carrière sera sur le point de finir!

Mes Frères, votre bon, votre admirable Pasteur est descendu dans la tombe; mais du moins il ne vous laisse pas sans consolation. Que vos larmes se sèchent, que vos douleurs s'apaisent : privilégiés du Ciel, vous avez vu lui succéder un digne héritier de ses talents comme de ses vertus, un homme qui vous a donné déjà la mesure de ce qu'il est, et qui, dans ces dernières circonstances, en particulier, au milieu de cette épidémie qui nous désole, n'a pas balancé à exposer bien des fois sa vie, pour le salut de vos âmes. Ah! puissiez-vous l'aimer comme vous aimâtes celui qu'il remplace! Puissiez-vous reporter sur le fils l'ardente affection dont vous étiez rempli pour le père! C'est, j'en suis sûr, le vœu que forme M. Masson lui-même; c'est la dernière prière qu'il vous adresse, du fond de son cercueil.

NOGENT-LE-ROTROU. — IMPRIMERIE DE P. GOUVERNEUR.